BELONGS TO :

- - - - - - - - - - - - - - - - - -

WANT FREE GOODIES ?
EMAIL US AT :
AMEDCREATIONS@GMAIL.COM

A-MAZE-ING

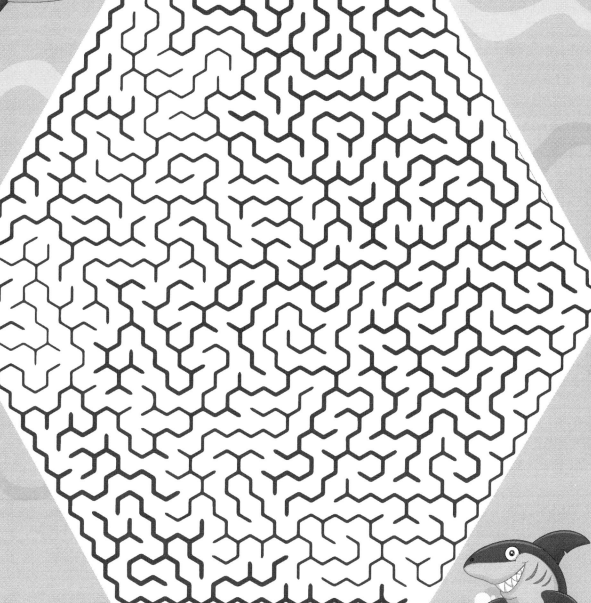

HELP SHARKO FIND HIS FRIEND MARKO!

SHARK LABEL

fill in the boxes with this words :

Caudal Fin   Spiracle   Nostril

Anal Fin   Mouth

Fin Spine   Pectoral fin

Gill slits   Eye

A-MAZE-ING

HELP SHARKO GET THROUGH THE MAZE

WORD SEARCH

```
U Z I P P Y Y F X T S Y E C H I B E U H J N Y
H D L D L I F E N E C Y Y L I N L Q M E D G D
K M A C K E R E L J C V T O G T U U J A X P X
H P A I N S T A K I N G A U H E S A J D J Z N
A L S A T I S F Y I N G M D F R H L N Y S X A
M I D A P H I U Q T D L E Y A N I M A L I A T
M K H C Y M I N I A T U R E L A N H L L Y J B
E E L V F V H L W O A K E L U L G B R O W N Z
R A O R A N G E G F H Z R X T N B T I I I E B
H B S Y N E A R V O D L Q U I N T N C O N M Z
E L R H O M E L Y S V E Z D N R J G Y U T N D
A E E O U C D A A S N V P B F A U L T Y E U E
D I E U N B N N I D E L I G H T F U L L X B
O F F T U L H A X L G L C X T C R A Z Y L O O
B B X S T T E T I D U B A R B A R O U S I U N
L W X T T U L T O P L H A N D S O M E H G T A
H K A A Y R L A U C L G R A N D I O S E E R I
T K X N F E I C S S I E L S W E E T H Y N A R
I Z C D B D S K T S B V F L I G H T M M T G J
I U I I Z M H R Q F L S D A N G E R O U S E O
E M K N Q L W O B B E G O N G J Q C R O R O Y
U E R G K G D H I D E O U S M R P B Z K T U Z
C A R P E T B O T V V Y D I R A S Q Y K S W S E
```

CARPET

DANGEROUS

MERE

WOBBEGONG

SWEET

LIFE

BROWN

INTELLIGENT

FOSSIL

ANIMALIA

HAMMERHEAD

ATTACK

CLOUDY

# WORD SEARCH

```
C U F F A B D A M H G E B I P A N O R A M I C
A R O V M T K H U W T F E P A X I O M A T I C
Y I A D H G E D R E I I M U Z L W B R O K E N
J J M X V Q T J K H C L O U D Y T W E C S Z Q
D R Y X N E L G Y Y T N S P E B E T V N G O V G
D G S S I N N O C E N T A Q L Q L U D D M A Y
B J Z I I X I B X W F L K B I B L P E D E A R
N O R M A L P L R P I C R R G A I R A C W F M
A B O A R D P I M O S I T H H S N O D O G I E
B E T T E R Y N V W H B B Z T K G U P M R R G
I K N O W L E D G E A B L E F I C D A B A S A
O G Q N R L L C A R P E T F U N F O N A T T M
J R D A O D E E P F C N R F L G U G R T E U O
E O U H N E N C O U R A G I N G W G A I F B U
L T U E G T U R T L E J W C L X Z Q B V U J T
L E H A L L O W E D Y L V A N W Q R Z E L V H
Y S A D D A N G E R O U S C Z A R U X V W P X
F Q C Y A Q K Z K Y S A T I S F Y I N G P X N
I U G E F A K I M Q Z N C O E L E G A N T Z L
S E T N K C M R D S F O R U M T H A N K F U L
H V P E P I T N E A R S U S Z Y H S M D D T J
M B Q Y V D X Q T D F Y E H A Q V N W S A N D
U U U P W T S U X Z U F L M A V A I L A B L E
```

TURTLE   THANKFUL   BROKEN

MEGAMOUTH   FISH   BETTER

BASKING   JELLYFISH   CARPET

DEEP   DRY   SAND

DANGEROUS   GRATEFUL

TIGER SHARK

A-MAZE-ING

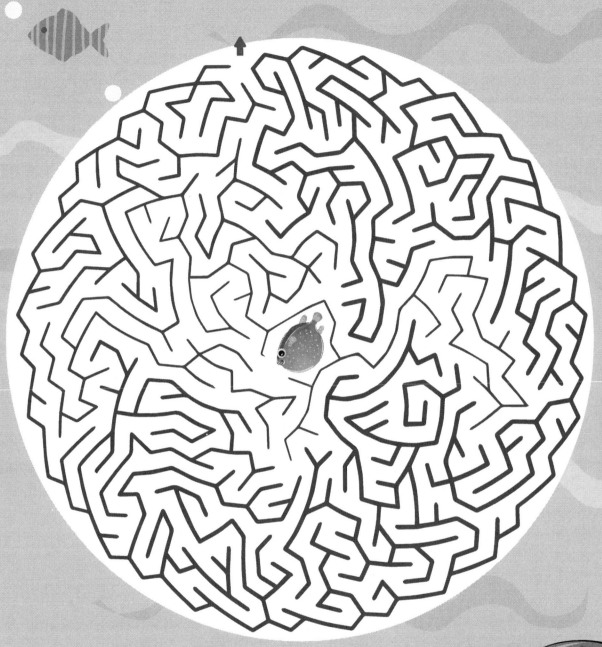

Help the fish
makes its way
out without
getting chomped
by the shark !

WORD SEARCH

```
Z D D E V Z X X J S E A C R D K N H V R V M X
E P W L U I J D S I B A H E A D Y U W E W P H
A N X I O U S N W S D H C B N R C S E F M B H
D B O K S U D D E N D T J M G L L K E L I J K
A G N T H E L L I S H S A A E I E Y K E X D L
B S A T I S F Y I N G F N D R F A V S C E J E
B Z A X I O M A T I C E G L O E N D A T D U C
C M Q W I I D G U M I W U Y U L O U T I S H C
Y O U T R A G E O U S F L B S B X A P V Q F A
C T R G F D F N H C R E A T U R E Y L E P I B
O L B G Z E U E B W U O R L T U M A K O Q I N
O D E K S B T R B I R O M A N T I C P G W D A
K T S H D O U A Y B E T T E R Z Y Q D Y D I E
I H T B I N R L D Z A S P I R I N G H K M O T
E R F L S A E Y K V A B O A R D N M M A T T E
  E P I C I O U T S T A N D I N G J V T N I N
C S W G R R B O U W E H G R O U N D F M M C J
U H T H E I L W K A L P C O W S H A R K V G S
T E Z T E I J N W W E C A L C U L A T I N G A
T R T K T D Z N E R G M E G A M O U T H Q H N
E F J N D E Z N A O A M A Z I N G U C C L V D
R H I S W E E T K N N G S P L H T Y B Y K T X
E C U J Z D K G R G T B N I X C M N A S T Y U
```

DANGEROUS	LIFE	MEGAMOUTH
CLEAN	OUTSTANDING	FUTURE
AMAZING	SAND	CREATURE
THRESHER	HELLISH	SEA
COOKIE CUTTER	MAKO	COWSHARK

A-MAZE-ING

A-MAZE-ING

FIND THE RIGHT ROAD :

1 2 4 3

WORD SEARCH

```
H I M F G B Y O O R A N G E Y P K D B W M R P
I C O R K T B A Q U A R I U M N N F A W Z R V
K G F W Q U R P C R E A T U R E O W T H D H W
I C Z E S C O S A N D S V A U B W N I I E Q J
K I W E C D W S A D L G L T N B I G G T S M V
O S L K A A N G U L A R V T L U N C E E J J U
H X I J R K P L A I N U K A C F G B R T U V L
Z U K O E G X W P T N M I C I G U L L I B L E
K R E D D F D A I L Y P C K J E V F M P F S H
W C A I H N A L Q A W Y A B R O K E N W U S P
A L B J F O C H I V A L R O U S Z A A E T S A
S I L N L R R E E F B D P I Q D X Q O E U E I
P F E X D M E O C G L T E X M I X E D T R A N
I E S X Y A D P T C U Q T R H O L L O W E D S
R L G L J L K O I H S U N S U I T A B L E I T
I Z Z S T A R W G V H G S Y T A S D Y I X F A
N F E R E C T E S T I L C P H C G I N A I F K
G D E E P H U R W B N D I J R I N S D Z F E I
Q G M A D L Y F E U G D C D E D F C U P J R N
E L E G A N T U E S I A C J S L P R U L V E G
V A F D M O R L T Y C K Z I H A B E S T W N U
C L P A N G E L S H A R K E E N X E S U U T M
U X R R O M A N T I C R J O R C T T D A D K E
```

CREATURE

ANGULAR

STAR

AQUARIUM

REEF

THRESHER

WHITETIP

MIXED

ANGELSHARK

TIGER

ORANGE

SCARED

BUSY

POWERFUL

ATTACK

DIFFERENT

CROSSWORD

SHARK DIFFERENCE

Can you spot 7 differences ?

HAMMERHEAD

11

GREAT WHITE

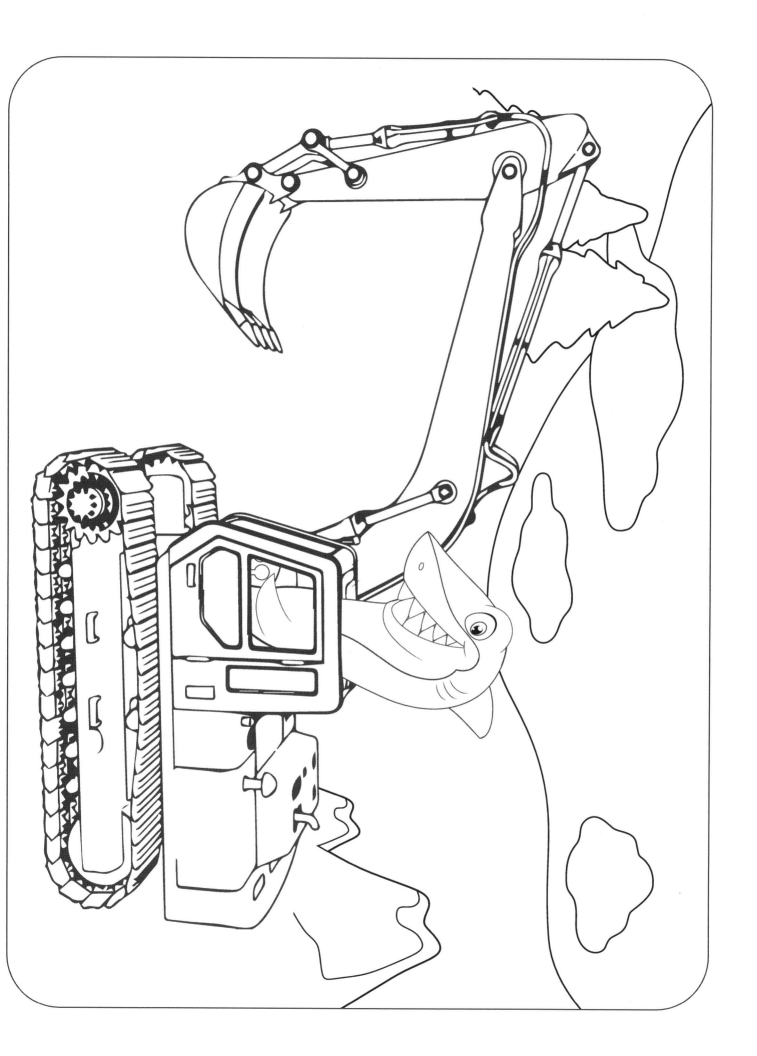

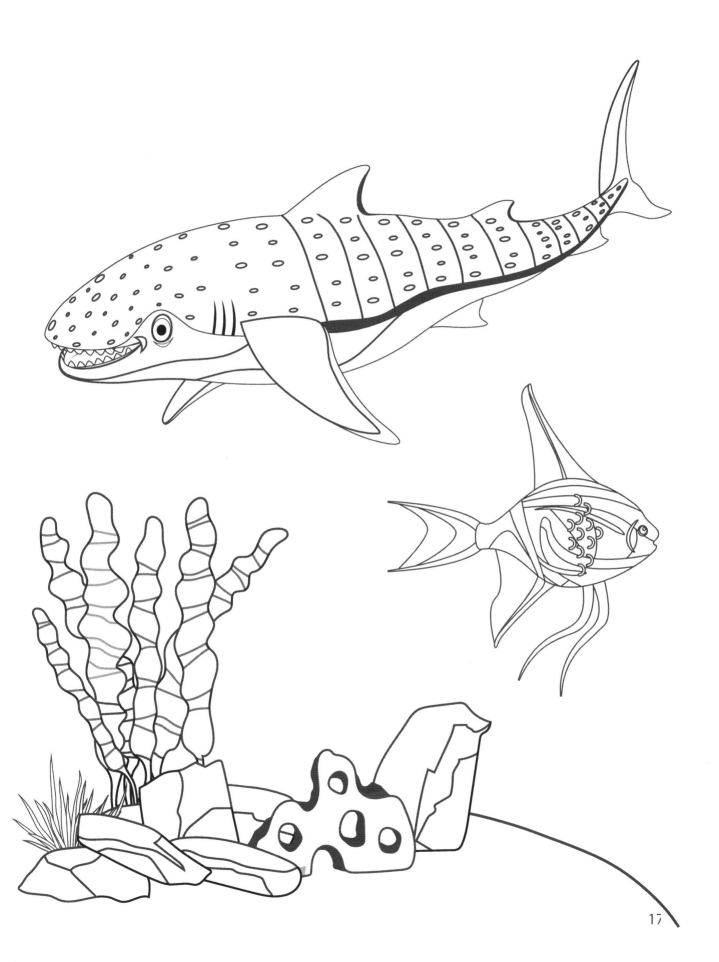

SUDOKU

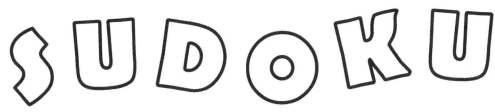

Help Sharko
solve the
Sudokus

		5	3			1		
4					5	3		
2	3			6		5	8	
	8			4	1			
	2	3		9	8			7
			2	3		8	6	5
	5			1	2	6	3	
	4						2	
	1	2	4		3		5	

							2	
7	3		2	6	9			1
	2		1		8	7	3	
	9	7	6	3		8		
1		6	8	9			7	
						6		
	7		9	4			6	
		2	7				4	3
			5		2	1	9	

41

SUDOKU

Help Sharko
solve the
Sudokus

5		4		2				9
6	9				5		1	
8		2				5	6	4
3					6	7		5
		7				1		
		5						
			2	5		3		1
9		8			1			
2	5		3		8		7	

6	4		2			7	3	8
	1		7	5		6		
				8			5	
8	6	3				1		
	7			9	6			
	9							6
				7		4		
7	5					2		3
1			9	3	5			

SUDOKU

Help Sharko solve the Sudokus

	1		3	7	6		8	2
							7	
			8		1			
	3		6			5		
5	1	7				8	6	
			8	9				
4		5			8		1	
	2	7		1	5	4		
1				9		2	3	5

		2	9				7	1
1		4			6	2	9	5
	9			2		6	3	
6	1	8						
				6		5		2
	5	7			1	8		
	8		6	1				7
	7		4			3		
			3	7				4

SUDOKU

Help Sharko solve the Sudokus

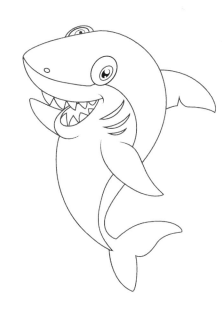

Puzzle 1

4				7	8		2	
		5	3	2				9
	9					7		1
	4			5				
3								4
	8	9				3		
	3	2		5			6	7
			6			1	4	2
	6			1	7	8		

Puzzle 2

9	4	1	3	6	8	2	7	
3				7				9
	3	7	9		2		6	
	6	9						
	8			5	4			
2							1	6
	9	3		4	6			8
8	1					3		4

SUDOKU

Help Sharko solve the Sudokus

			4			6	3	
1		4	5	7				
6			1	2	8	7		
3	6	5	7			2	9	4
2						1		
7					2		5	
	3	7				9	6	
					7	5		
5		8		3			2	

5						3	7	
						8	1	
	7							5
				7		4		8
		2	9		4			7
7		3	8			1		
	5	6	7		8			
		7	3		2		6	
3			4	6	5		8	9

SUDOKU

Help Sharko solve the Sudokus

							8	
	2	1				6		9
8	6		7		5	1		
								7
			9					
1	4	8	5			9	6	
	3	7						6
9				3			2	8
4	8	6	2	1		7	5	

1		6						
	4							
7	9	3	4	1				
				9			1	
		7	3	4	1			
6	1	4	8				2	9
	7	9	1		6	5		3
8					9	4		2
5	3			8	4	1		

46

SUDOKU

Help Sharko solve the Sudokus

					7		9	2
	6	8						
	7		3		5	6	4	
				6	8	3	7	
	3	4		9				1
6		7		2				4
9	1	4					8	
		6	8	3	4	9	1	

				5				8
5		4		9	3		7	6
	1	3	4		6			
4	8		9		5			
			6			2		
6	9	7	1	2				
			5		8			
	5			4	9			3
	7							1

CROSS WORD

Help Marko solve the PUZZLE

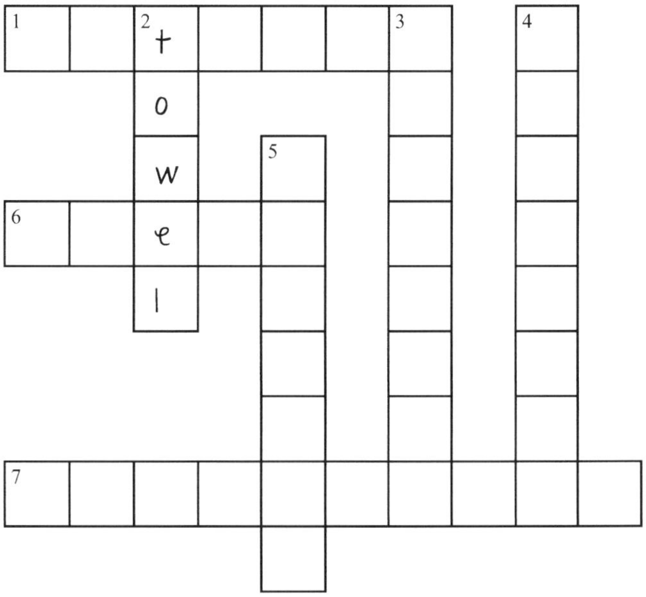

Down

2. an object used to dry off ofter you go swimming
3. a sea creature in the shape of 5 pointed star
4. something that provides shade on the beach
5. an object you can use to look at fish underwater

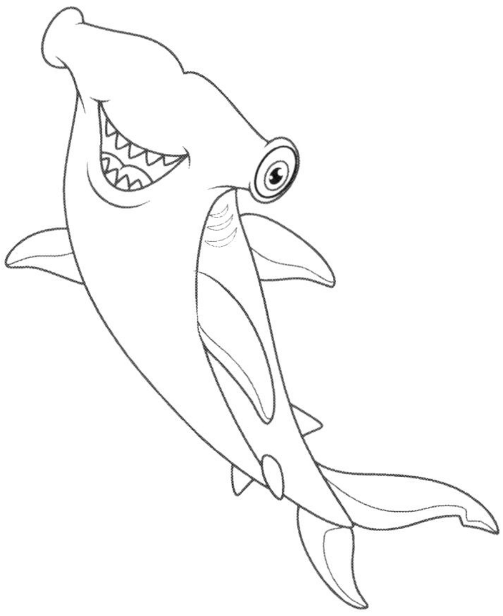

Across

1. a sea creature with eight legs
6. a salty body of water
7. A shark with a head extended into a "hammer" shape

CROSS WORD

Help Marko solve the PUZZLE

Across row 6: b u l l s h a r k

Across

2. this shark has a ten foot tail it uses to round up fish

3. most common sharks fossils

6. this shark can swim in fresh water and salt water

7. this shark eats almost anything

Down

1. this shark has attacked people more times than any other

4. this shark is the fastest swimmer at about 43 miles per hour

5. a baby shark is called a

CROSS WORD

Help Marko solve the PUZZLE

Across

4. an annual week-long TV programming block at the Discovery Channel sharks

5. organs that allow the shark to sense temperature shifts in the ocean.

6. two thirds of the shark brain is dedicated to this sense

Down

1. this shark chops round holes from its victims bodies

2. the biggest shark in the world is also the biggest fish

3. number of eyelids some sharks have

6. how many senses sharks have ?

CROSS WORD

Help Marko solve the PUZZLE

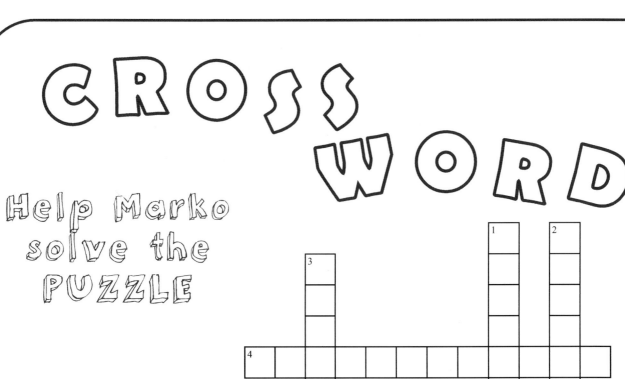

Across

4. the biggest ocean on earth

5. relating to open water sharks

7. oil found in a sharks liver

Down

1. the smallest ocean on earth

2. fins on top of the shark

3. when water falls from a cloud

6. body of water

CROSS WORD

Help Marko solve the PUZZLE

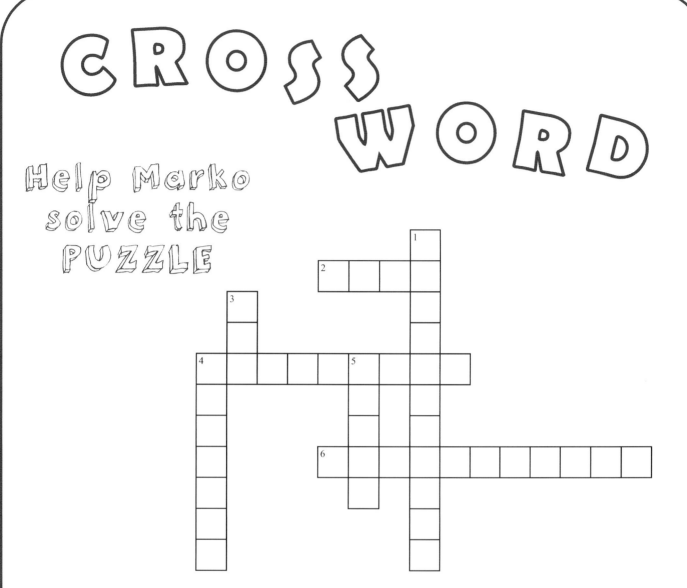

Across
2. Steven Spielberg's movie about sharks
4. fins located on the top of shark
6. fin used to keep shark afloat back underside of a fish

Down
1. boney fish
3. Baby shark doo
4. smallest sharks
5. large organ helps the shark stay buoyant

A-MAZE-IN

HELP SHARKO GET THROUGH THE MAZE

53

A-MAZE-IN

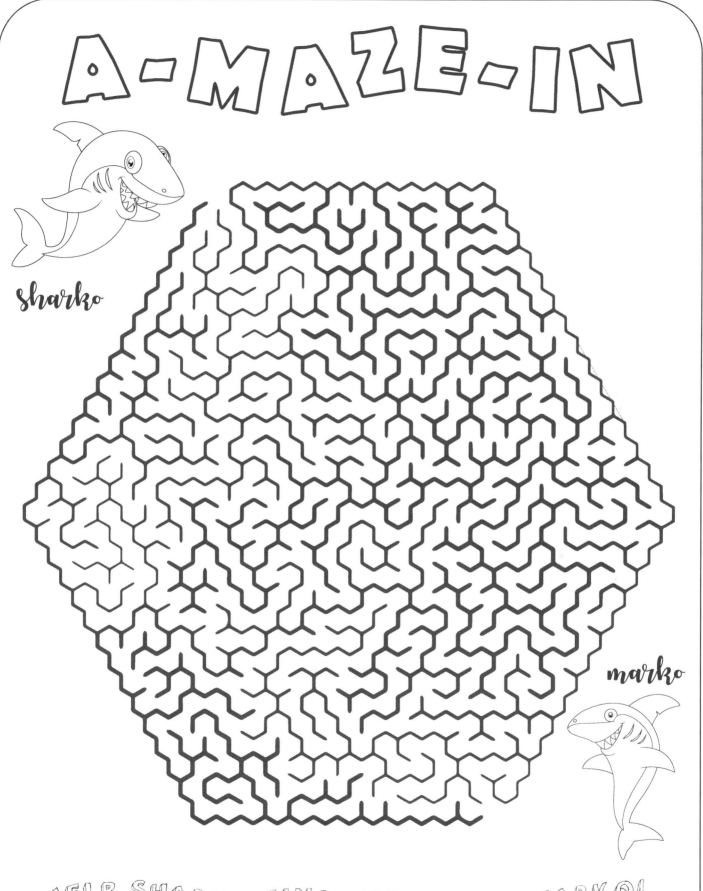

sharko

marko

HELP SHARKO FIND HIS FRIEND MARKO!

A-MAZE-IN

Help the fish makes its way out without getting chomped by the shark!

A-MAZE-IN

Help the Shark find her little Baby !

A-MAZE-IN

Help the Shark find her little Baby !

A-MAZE-IN

A-MAZE-IN

Help the Shark
find the
hidden treasure !

A-MAZE-IN

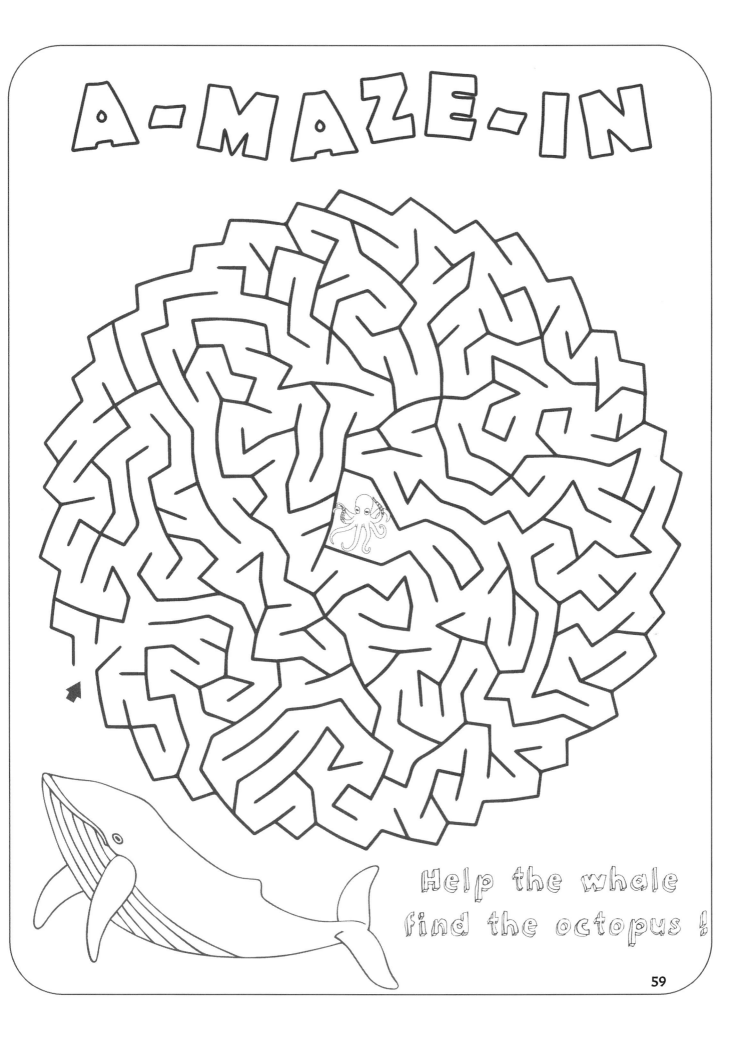

Help the whale
find the octopus !

A-MAZE-IN

Help the Shark
find the islan !

A-MAZE-IN

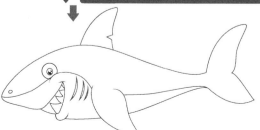

Help the diver find Sharko !

61

A-MAZE-IN

Help Sharko
find his car !

WORD SEARCH

```
C U F F A B D A M H G E B I P A N O R A M I C
A R O V M T K H U W T F E P A X I O M A T I C
Y I A D H G E D R E I I M U Z L W B R O K E N
J J M X V Q T J K H C L O U D Y T W E C S Z Q
D R Y X N E L G Y Y T N S P E B E T V N G V G
D G S S I N N O C E N T A Q L Q L U D D M A Y
B J Z I I X I B X W F L K B I B L P E D E A R
N O R M A L P L R P I C R R G A I R A C W F M
A B O A R D P I M O S I T H H S N O D O G I E
B E T T E R Y N V W H B B Z T K G U P M R R G
I K N O W L E D G E A B L E F I C D A B A S A
O G Q N R L L C A R P E T F U N F O N A T T M
J R D A O D E E P F C N R F L G U G R T E U O
E O U H N E N C O U R A G I N G W G A I F B U
L T U E G T U R T L E J W C L X Z Q B V U J T
L E H A L L O W E D Y L V A N W Q R Z E L V H
Y S A D D A N G E R O U S C Z A R U X V W P X
F Q C Y A Q K Z K Y S A T I S F Y I N G P X N
I U G E F A K I M Q Z N C O E L E G A N T Z L
S E T N K C M R D S F O R U M T H A N K F U L
H V P E P I T N E A R S U S Z Y H S M D D T J
M B Q Y V D X Q T D F Y E H A Q V N W S A N D
U U U P W T S U X Z U F L M A V A I L A B L E
```

TURTLE   THANKFUL   BROKEN

MEGAMOUTH   FISH   BETTER

BASKING   JELLYFISH   DEEP

DANGEROUS   GRATEFUL   SAND

WORD SEARCH

```
T R M B M E Z I S B A S K I N G J C D H Y E P
L C A R P E T G V V L R M D S V N I E A W F G
R A C E I E F F I C A C I O U S D P B L K R B
S M I N T E L L I G E N T O H R Z L O L S L I
M I U V T J Y D G D E L I C I O U S N O S S G
D G N E X U L T A N T V S T K R H F A W P G A
U H N P S U I N Q U I S I T I V E P I E I W I
K T H D P A G X G R O O V Y S Q C C R D R V Z
J Y A I K G P H X B R Q I S P O N G E T I W K
I J M S A N Q B S G O D R U N K N E L F T F L
Z T M I D I V R H L M E C O M M O N H K U R F
V Q E L U P M A O E A A C K F A N G U L A R X
W N R L N P I I R V N G O D A M U S E D L I C
F J H U S Y X N T E T K P E W E A K W H Q H U
S A E S U E E Y N L I F E F F A N A T I C A L
G M A I I S D F O D C L P E L F E E B L E B L
I S D O T B R O W N I O O A A X Y W E F U E M
L M A N A T E E A P O I D T T R Y U C X I R Z
L E E E B O M B X K F C U E G R O U C H Y R D
S A O D L N A U G H T Y S D U C N P D D V A R
U X K F E S C G U L L I B L E U E A I R J N Q
Q A T N U N Z Q I Y Z E R E C T A L S J C T I
X U A R F W N W H I T E T I P E R E N R U B Q
```

GILLS   MANATEE   ICY
SPONGE   ANGULAR   HAMMERHEAD
BIG   CUTE   CARPET
NEAR   SHORT   INTELLIGENT

WORD SEARCH

```
N X M S O B T Z O O P L A N K T O N N N A T I
P C F D N Q P U Q G M U S S E L S T E O R P Y
Q G N J P S X Z F R H H O N O R A B L E E W X
A P O E S I D H X O A D I S G U S T E D G E B
N L R L B Y P X S U N A M B E R J A C K L C A
C O M L H P M V O C D E L C O R A L O A W W X
D V A Y B G J D L H S P L A I N A O P O M Y G
H I L F Y I F T I Y O G Y L B R O K E N V D O
O N H I I E U P D J M A L L E G E D P I C O I
Z G V S N K T F S P E C T O R A L I O V I L S
R D J H C C R A B H L B A U A L F X D F E P W
O V Y A R B I S P B Y S L S B F O S S I L H O
B A V S E A G A F P E U O B N F E M A L E I R
U H E O D R G L A H S D U O N I T C H Y N D
S F K O I R E G F O U D T L R I D S D E A R F
T Q K J B A R A B R U E I Q M P H C W E E K I
S E A U L C F E D I X N S C A P A A B S K Z S
X T Y C E U I F I R S T H I L Y M R A P R Z H
P Q L O K D S A Z G R O T E S Q U E X I I W W
L H B Q B A H M A M M A L S B I S D C R L Y M
E D A I R E C C Y L L K E L P Q E M A A L R S
E U V Y E N T H U S I A S T I C D P Z L L J C
Q W R E F L E C T I V E Y G T T M E A E C S A
```

KRILL

BARRACUDA

SEA

FOSSIL

COPEPOD

SWORDFISH

SOLID

TRIGGERFISH

DOLPHIN

AMBERJACK

MAMMALS

GROTESQUE

WORD SEARCH

```
S R T W M P B B G B X C D T Z N C R U E L R V
H G L U A E Z W H I T E C A P S P W G T E W U
I K V G C C X Z C A T M B I D I O T I C Y C L
P H L U K T D R Q B U S Y X I A N P V F R R O
K P N W E O E C C O F P U F F E R F I S H K A
K W I L R R A R Q J X H I L O P B R I T T L E
M S A B E A D O A E J D F C H I L D L I K E Z
K D C E L L P O R O B U S T U R F L Z L V U L
J X U A I W A K T H R E S H E R N I X C J O V
R V T U W B N E H A N D S O M E Y M O R O D R
U A E T U O U D I N N O C E N T Y P G O V T Q
X L E I F Q L O K A F E E B L E W E G W A I A
Y F C F O Z B Z E R N A S T Y N J T W D I A B
J C L U M E Q V L W S I S F B R I E F E S Y E
I H Z L K F J K P H W G A D D R U N K D E C R
H U H K A P U T N A H F L E B I Y M Y V R U R
E B M S W O R M S L I O M F A M J D V X P R A
R B Y N O T I G E R T A O E S M B Z A H U L N
M Y Y Q V E B I G G E M N A S E A S R R P Y T
I S W O R D F I S H T Y C T T N D T I R D Q D
T W G I G A Q U A R I U M E H S J N O M T T O
B L O W F I S H K K P E X D M E G U U O A C T
J X R D W X Z F T Q W A M U S E D Q S H L A J
```

WORMS   CROWDED   PECTORAL

PUFFERFISH   BLOWFISH   NARWHAL

BRITTLE   AQUARIUM   THRESHER

WHITECAPS   LIMPET   ROBUST

WORD SEARCH

```
O C A U I D A N G E R O U S T O M R X S D R T
K O X S E C C Y I U H E A D Y A Q O G T E D M
A M G W J R H N C R E A T U R E I N I Z A C H
C M I O N C I B E F I T T I N G M Z W S D G O
R O M R H N L E H I D I O T I C L V A S P F U
O N M D O F D N T M A N A T E E H K I K A G R
M A C F N L L E T Y S O C E A N K W T Q N W L
R O L I O O I R X A M A C K E R E L I W B X B
B H O S R U K G B B C O G O D L Y A N J U J D
U C W H A N E E Z H R M I X E D M I G K J W J
W O N Y B D Q T V O A I I T C H Y F T R T W U
J Y F S L E O I B R B I N T E L L I G E N T Y
A U I L E R I C L R K A L H E R R I N G M D G
R E S B B O C O Y E B B O B U M P Y T U N I H
T C H I T O N L I N J L B K B W H G O N A S F
F M D K A P U T N T S U S G A M S R H A X G H
K I M M E N S E G X J S T I S R E U R R K U R
A B R O K E N V M G D H E L S F A B A M D S N
T V A B E R R A N T H I R L Z E L B I E L T E
T T C C P U P F S G N N S S H E I Y X D H E A
A H V U B U S T L I N G L E I B O T V Z N D R
C F A P M J A B A N D O N E D L N S O T K B S
K J O Z C A R T I L A G E C A E F J S S G U A
```

GRUBBY   CLOWNFISH   CREATURE

CRAB   GILLS   SWORDFISH

SEALION   INTELLIGENT   ATTACK

OCEAN   CHITON   IMMENSE

WORD SEARCH

```
O G B E L E C T R O R E C E P T I O N Q M Y G
T I Z O O P L A N K T O N S E M L C B U C T J
B L M D S S A A H M A T U R E Z P I T P L Y Z
F L Z S U C A C K M A L E Z K F D N I M O C R
M S D E F E A T E D E K D W Q P R C G E W R S
S E P X N B E N E R G E T I C Y W R E G N O K
Q B A K E R O X C G R U B B Y A H E R A F W O
U R K A A I D G U L L I B L E D I D P M I D Z
A A M W R E B L O U T I S H C E T I H O S E K
R H P U F F E R F I S H R B S B E B P U H D T
E S E C O N D G P L M X O A C O T L K T X A X
B U S T L I N G L C U K B D A N I E A H A G V
R C A P C H I V A L R O U S R A P H W B R P P
H A L Y P J A E I I K G S P E I A B S U R D T
F R M E G J B T N P Y L T U D R D W H A L E O
Y W O L C X N J E L L Y F I S H X Y Z H F H O
D Y N L W U O S Y I Y I M S A L I N I T Y P T
A I K O S B R E G D E N T I C L E S F P W R H
V U Q W E D M A D K O G U A C N A R W H A L S
V P I F M X A K V E P W G R O U P E R K W T O
L F O I A K L A L L E G E D I V N G Y X Y S M
W M P N D W N G Y P F A S C I N A T E D Z H E
A A N G E L S H A R K U Y K W L C F I G D S N
```

KELP

GULLIBLE

WHALE

JELLYFISH

YELLOWFIN

PUFFERFISH

ELECTRORECEPTION

SALINITY

SALMON

DEBONAIR

ANGELSHARK

CLOWNFISH

WORD SEARCH

```
N S V V E J P F L X H A S V C A L L O U S S U
R U D P Y N O W H I T E C A P S C O U V A Q C
S E W O Q Y W A B E R R A N T D X K M S W V P
X F K P I L E C L O W N F I S H K B E D S F S
V G Q F A U R N S R L E V E L O H D K S H Z F
C U T T L E F I S H E N T V L U W Z X R A E I
W R E E F M U A P G L B K K U T R F M V R H W
M Q G E E A L M C U A N G E L S H A R K K F X
R V Y D P K H E A L O O I M M T H L C O N C H
O O Y W Q O W G L L G K M A J A H U S K Y U F
L E A R N E D A C Z O R M N N N T P C B V Z K
A Q U A R I U M U K T I E A A D H W O U X E T
S C A R E D G O L R P L N T S I J E P T D V D
B R O K E N I U A C U L S E T N M E E M B B E
B Y C A R P E T T E P O E E Y G A K P P E R L
L A F Y X C W H I T E T I P I A L A O W Z A I
U N R D W I W Y N T A L G A E Z E A D H J I C
S I I C U S N G G J P A N O R A M I C A Z N I
H M E L B A S M E Y Q D P A B J E C T L A Y O
I A N O A S X T I B C O R A L Y O Z R E N E U
N T D U S J J I N N O C E N T L R U H I Q N S
G E L D S Z S B R S O T B A R R A C U D A Q T
V D Y Y H O M E L E S S L Z V X F Z M A P L T
```

ALGAE

CUTTLEFISH

SAWSHARK

PUP

REEF

WHITETIP

GULL

ANGELSHARK

AQUARIUM

MAKO

WEEK

CLOUDY

69

WORD SEARCH

```
V T N R W R S X M V M A L L E G E D P I X D G
X N B I T E - S I Z E D L I C K R I H N J O Q
H L S I C Y B Y T F K U J C M W W S U S H U J
I J A W M D I C W C R U E L P N H C R I J A W
L J W X V N Z U W W Y S N E A R G R M D U P F
W D S M X P A L B D E R A N G E D E G I Q M O
C S H C A P R T M U S S E L S F U E R O S T N
E W A U F V R U L D E F E A T E D T O U M W R
R N R T T P E R X W A H I D E O U S U S K D R
T E K E Q F V E I F U T U R E F L X P J C X M
A N T A D U N D F I R S T F K L O S E G A Q A
I M W Y N N C A L L O U S L E O B L R H G H C
N Z L J D S H A G E N E R A L U S F J I E L K
C S T A R U L Z I D O D K T P N T D L R Y C E
P Q E O T I J E L L Y F I S H D E Y C Z P A R
Y L V R U T G I I B R O K E N E R D O Q T R E
J E H K R A S N T J S P W O V R C O N C H T L
T A Q N T B U O C C A A K B A B S U R D C I U
X R B W L L S G H U L L N U N A R M E D B L C
I N U G E E Q P Y R M E A A D H E S I V E A R
U E A Q G A R R U L O U S D M U C Y V N X G W
R D S E Q P L F Y Y N N T S U B M A R I N E K
Z C H I L D L I K E Q G Y R D U X K M P X Q T
```

CURLY   TURTLE   MACKEREL

MUSSELS   CARTILAGE   FLOUNDER

BIZARRE   CONCH   LOBSTER

BROKEN   SUBMARINE   SAWSHARK

SCRAMBLE

unscramble the words below

1. amaemhderH _____

2. bnoVgebgo _____

3. arkSahsw _____

4. herrheTs _____

5. taChsark _____

6. whtgeetria _____

7. hgasTrerki _____

8. Wleha _____

9. akom _____

SCRAMBLE

unscramble the words below

1. slenekto _____

2. aeagctirl _____

3. YEE _____

4. NOTIRSL _____

5. sotun _____

6. ohtmu _____

7. edha _____

8. oectrlap _____

9. iensp _____

SCRAMBLE

unscramble the words below

1. lugl _____

2. regrpou _____

3. himetr _____

4. hrringe _____

5. rehseosoh _____

6. elpk _____

7. lkrli _____

8. etlpim _____

9. osltreb _____

SCRAMBLE

unscramble the words below

1. lvdcaa   _____

2. dorlsa   _____

3. paciresl   _____

4. spacerl   _____

5. elke   _____

6. atil   _____

7. tkunr   _____

8. osghidf   _____

9. epcsies   _____

SCRAMBLE

unscramble the words below

1. ligl _____

2. gaela _____

3. acjakbmer _____

4. cnbaelra _____

5. sbas _____

6. ltetrib _____

7. baarcruad _____

8. srat _____

9. bwihsolf _____

SCRAMBLE

unscramble the words below

1. ohtnic _____

2. pcedopo _____

3. rcba _____

4. rcaol _____

5. ltscuthief _____

6. hccon _____

7. colnw _____

8. dinlpho _____

9. fnlrodve _____

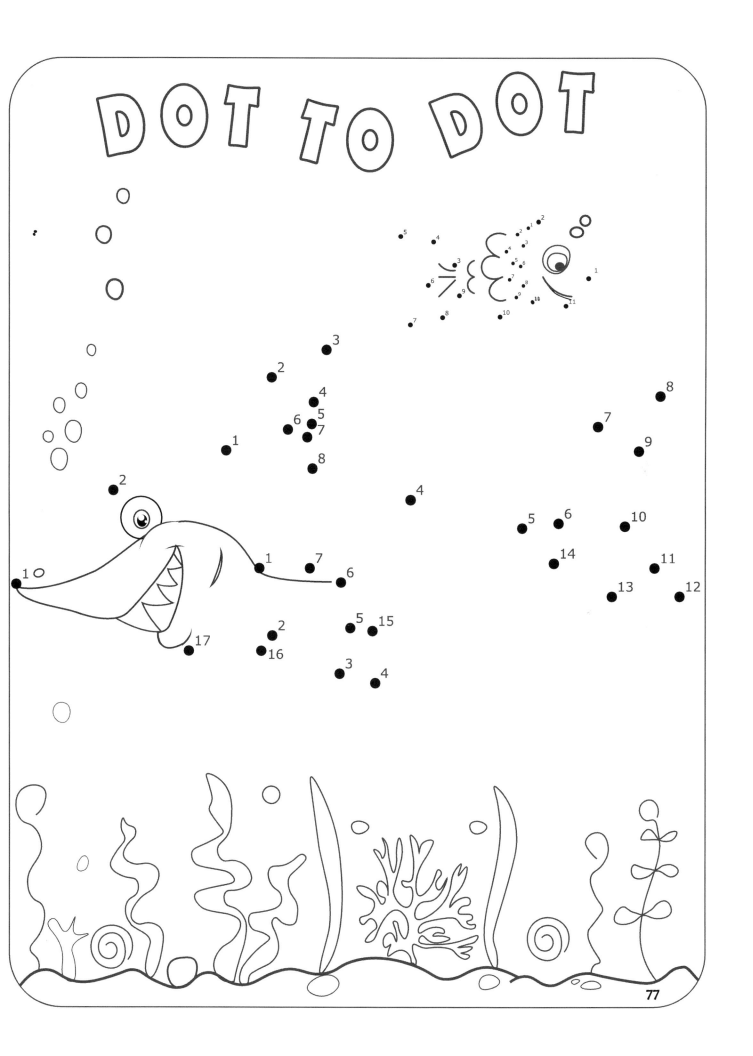

DOT TO DOT

77

DOT TO DOT

DOT TO DOT

80

PUZZLE

Help Marko solve the PUZZLE

PUZZLE

1

2

3

Help Marko
solve the
PUZZLE

SHARK LABEL

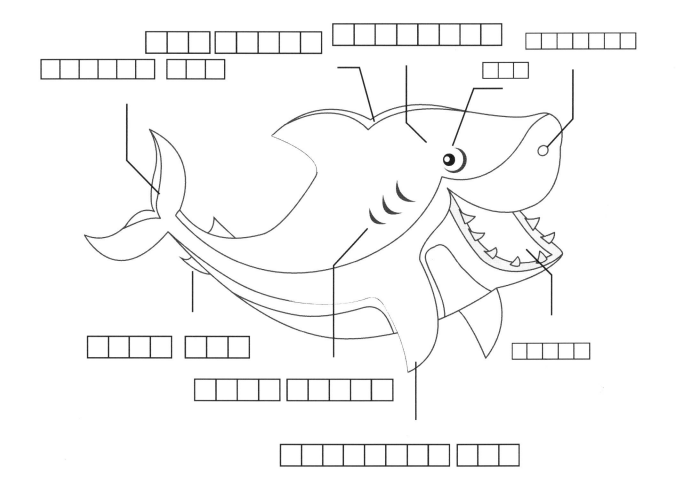

Fill in the boxes with this words :

Caudal Fin

Spiracle

Nostril

Anal Fin

Mouth

Eye

Fin Spine

Pectoral fin

Gill slits

PUZZLE

match halves of sharks

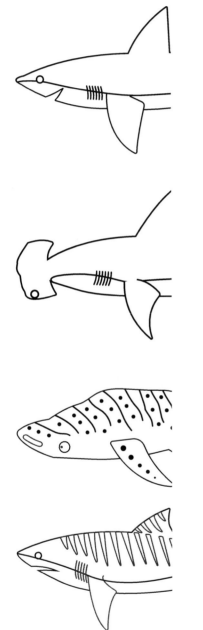

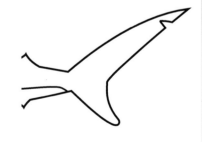

match sharks with their names

Whale Shark   Hammerhead   Tiger Shark   Great White

ANSWERS

CROSSWORD 1 :

OCTOPUS : a sea creature with eight legs

OCEAN : a salty body of water

UMBRELLA: something that provides shade on the beach

TOWEL : an object used to dry off ofter you go swimming

STARFISH : a sea creature in the shape of 5 pointed star

SNORKEL : an object you can use to look at fish underwater

HAMMERHEAD : A shark with a head extended into a "hammer" shape

CROSSWORD 2 :

MAKO : this shark is the fastest swimmer at about 43 miles per hour

TIGER : this shark eats almost anything

GREATWHITE : this shark has attacked people more times than any other

TEETH : most common sharks fossils

BULL : this shark can swin in fresh water and salt water

THRESHER : this shark has a ten foot tail it uses to round up fish

PUP : a baby shark is called a

CROSSWORD 3 :

SMELL : two thirds of the shark brain is dedicated to this sense

WHALE : the biggest shark in the world is also the biggest fish

THREE : number of eyelids some sharks have

COOKIECUTTER : this shark chops round holes from its victims bodies

SHARKWEEK : an annual week-long TV programming block at the Discovery Channel

ELECTRORECEPTOR : organs that allow the shark to sense temperature shifts in the ocean.

SIX : how many senses sharks have ?

CROSSWORD 4 :

PACIFICOCEAN : the biggest ocean on earth

ARTICOCEAN : the smallest ocean on earth

PRECIPITATION : when water falls from a cloud

LAKE : body of water

SQUALENE : oil found in a sharks liver

DORSALFIN : fins on top of the shark

PELAGIC : relating to open water sharks

CROSSWORD 5 :

MYOTOMES : muscles in sharks

PECTORALFIN : fin used to keep shark afloat back underside of a fish

DORSALFIN : fins located on the top of shark

LIVER : large organ helps the shark stay buoyant

OSTEICHTHYS : boney fish

JAWS : Steven Spielberg's movie about sharks

DOGFISH : smallest sharks

ANSWERS

WORD SCRAMBLE 1 :
HAMMERHEAD
WOBBEGONG
SAWSHARK
THRESHER
CATSHARK
GREATWHITE
TIGERSHARK
WHALE
MAKO

WORD SCRAMBLE 2 :
SKELETON
CARTILAGE
EYE
NOSTRIL
SNOUT
MOUTH
HEAD
PECTORAL
SPINE

WORD SCRAMBLE 3 :
CAUDAL
DORSAL
SPIRACLE
CLASPER
KEEL
TAIL
TRUNK
DOGFISH
SPECIES

WORD SCRAMBLE 4 :
GILL
ALGAE
AMBERJACK
BARNACLE
BASS
BRITTLE
BARRACUDA
STAR
BLOWFISH

WORD SCRAMBLE 5 :
CHITON
COPEPOD
CRAB
CORAL
CUTTLEFISH
CONCH
CLOWN
DOLPHIN
FLOUNDER

SHARK SPECIES

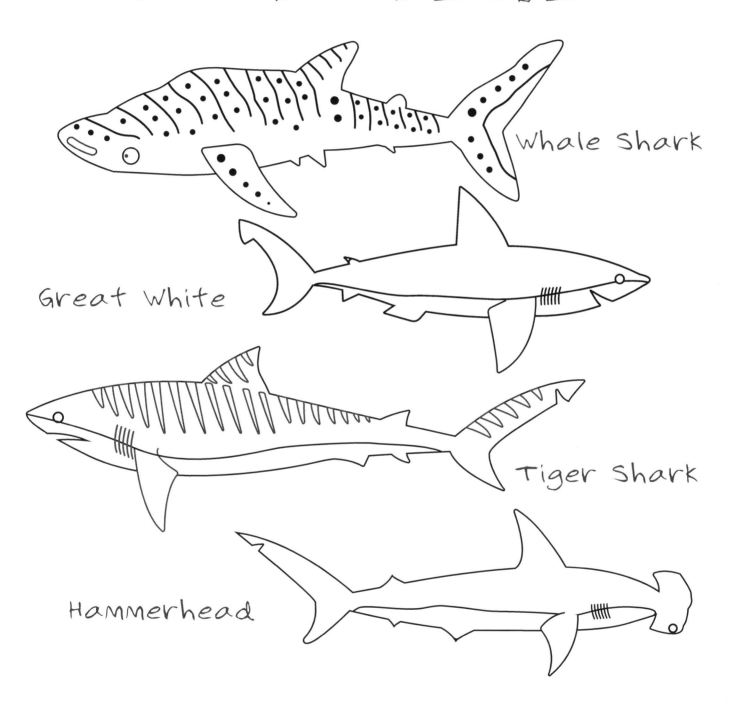

Whale Shark

Great White

Tiger Shark

Hammerhead

ANSWERS

SUDOKU 1 :

8	7	5	3	2	9	1	4	6
4	6	9	1	8	5	3	7	2
2	3	1	7	6	4	5	8	9
7	8	6	5	4	1	2	9	3
5	2	3	6	9	8	4	1	7
1	9	4	2	3	7	8	6	5
9	5	7	8	1	2	6	3	4
3	4	8	9	5	6	7	2	1
6	1	2	4	7	3	9	5	8

6	1	8	3	7	4	9	2	5
7	3	5	2	6	9	4	8	1
4	2	9	1	5	8	7	3	6
2	9	7	6	3	1	8	5	4
1	4	6	8	9	5	3	7	2
8	5	3	4	2	7	6	1	9
5	7	1	9	4	3	2	6	8
9	8	2	7	1	6	5	4	3
3	6	4	5	8	2	1	9	7

SUDOKU 2 :

5	1	4	6	2	7	8	3	9
6	9	3	4	8	5	2	1	7
8	7	2	1	9	3	5	6	4
3	2	9	8	1	6	7	4	5
4	6	7	5	3	2	1	9	8
1	8	5	9	7	4	6	2	3
7	4	6	2	5	9	3	8	1
9	3	8	7	6	1	4	5	2
2	5	1	3	4	8	9	7	6

6	4	5	2	1	9	7	3	8
9	1	8	7	5	3	6	2	4
2	3	7	6	8	4	9	5	1
8	6	3	5	2	7	1	4	9
4	7	1	3	9	6	5	8	2
5	9	2	8	4	1	3	7	6
3	8	6	1	7	2	4	9	5
7	5	9	4	6	8	2	1	3
1	2	4	9	3	5	8	6	7

SUDOKU 3 :

5	1	4	3	7	6	9	8	2
8	3	2	9	5	4	6	7	1
6	7	9	8	2	1	3	5	4
9	8	3	1	6	2	5	4	7
2	5	1	7	4	3	8	6	9
7	4	6	5	8	9	1	2	3
4	9	5	2	3	8	7	1	6
3	2	7	6	1	5	4	9	8
1	6	8	4	9	7	2	3	5

8	6	2	5	9	3	4	7	1
1	3	4	7	8	6	2	9	5
7	9	5	1	2	4	6	3	8
6	1	8	2	3	5	7	4	9
3	4	9	8	6	7	5	1	2
2	5	7	9	4	1	8	6	3
4	8	3	6	1	2	9	5	7
9	7	1	4	5	8	3	2	6
5	2	6	3	7	9	1	8	4

SUDOKU 4 :

4	1	3	9	7	8	6	2	5
6	7	5	1	3	2	4	8	9
2	9	8	5	4	6	7	3	1
7	4	1	3	6	5	2	9	8
3	2	6	7	8	9	5	1	4
5	8	9	4	2	1	3	7	6
1	3	2	8	5	4	9	6	7
8	5	7	6	9	3	1	4	2
9	6	4	2	1	7	8	5	3

9	4	1	3	6	8	2	7	5
6	7	8	2	9	5	1	4	3
3	2	5	4	7	1	6	8	9
5	3	7	9	8	2	4	6	1
4	6	9	7	1	3	8	5	2
1	8	2	6	5	4	9	3	7
2	5	4	8	3	9	7	1	6
7	9	3	1	4	6	5	2	8
8	1	6	5	2	7	3	9	4

SUDOKU 5 :

8	7	2	4	9	6	3	1	5
1	9	4	5	7	3	6	8	2
6	5	3	1	2	8	7	4	9
3	6	5	7	8	1	2	9	4
2	8	9	3	5	4	1	7	6
7	4	1	9	6	2	8	5	3
4	3	7	2	1	5	9	6	8
9	2	6	8	4	7	5	3	1
5	1	8	6	3	9	4	2	7

5	6	8	1	2	9	3	7	4
2	3	9	5	4	7	8	1	6
1	7	4	6	8	3	9	2	5
6	9	5	2	7	1	4	3	8
8	1	2	9	3	4	6	5	7
7	4	3	8	5	6	1	9	2
9	5	6	7	1	8	2	4	3
4	8	7	3	9	2	5	6	1
3	2	1	4	6	5	7	8	9

SUDOKU 6 :

3	7	4	9	6	1	2	8	5
5	2	1	3	4	8	6	7	9
8	6	9	7	2	5	3	1	4
6	9	3	1	8	2	5	4	7
7	5	2	4	9	6	8	3	1
1	4	8	5	7	3	9	6	2
2	3	7	8	5	4	1	9	6
9	1	5	6	3	7	4	2	8
4	8	6	2	1	9	7	5	3

1	8	6	2	5	3	9	4	7
2	4	5	9	6	7	8	3	1
7	9	3	4	1	8	2	6	5
3	5	8	6	9	2	7	1	4
9	2	7	3	4	1	6	5	8
6	1	4	8	7	5	3	2	9
4	7	9	1	2	6	5	8	3
8	6	1	5	3	9	4	7	2
5	3	2	7	8	4	1	9	6

SUDOKU 7 :

4	3	1	6	8	7	5	9	2
5	6	8	9	4	2	1	3	7
2	7	9	3	1	5	6	4	8
1	4	2	5	6	8	3	7	9
8	5	3	4	7	9	2	6	1
6	9	7	1	2	3	8	5	4
3	8	5	7	9	1	4	2	6
9	1	4	2	5	6	7	8	3
7	2	6	8	3	4	9	1	5

7	6	9	2	5	1	4	3	8
5	2	4	8	9	3	1	7	6
8	1	3	4	7	6	9	5	2
4	8	2	9	3	5	6	1	7
1	3	5	6	8	7	2	9	4
6	9	7	1	2	4	3	8	5
3	4	6	5	1	8	7	2	9
2	5	1	7	9	2	8	6	3
9	7	8	3	6	2	5	4	1

Made in the USA
Columbia, SC
20 December 2022

74647081R00074